道家龙游功

易红梅　著

人民体育出版社

图书在版编目(CIP)数据

道家龙游功 / 易红梅著. –北京：人民体育出版社，2020

ISBN 978-7-5009-5784-3

Ⅰ.道…　Ⅱ.①易…　Ⅲ.①道家–健身武术–中国

Ⅳ.①G852

中国版本图书馆 CIP 数据核字(2020)第 060407 号

*

人民体育出版社出版发行

三河兴达印务有限公司印刷

新　华　书　店　经　销

*

787×1092　32 开本　4.75 印张　91 千字

2020 年 9 月第 1 版　　2020 年 9 月第 1 次印刷

*

ISBN 978-7-5009-5784-3

定价：24.00 元

社址：北京市东城区体育馆路 8 号（天坛公园东门）

电话：67151482（发行部）　　邮编：100061

传真：67151483　　邮购：67118491

网址：www.sportspublish.cn

序

道家龙游功的创编，来源于我对中国养生气功的长期习练和理论研究。中国的养生文化源远流长，尤以气功学说神奇莫测。本人从事体育教学三十多年，以气功为主线，对道家养生功法情有独钟。我与气功结缘，是在20世纪80年代上大学期间的一次严重运动损伤后。在一次高低杠的训练中，因动作不连贯而连续三次打在低杠上被重重地摔在地板上，腰部严重受伤，不能起床，医生说我以后生孩子都成问题。幸运的是得到数学家胡克教授的治疗并从此追随他学习气功及参与他的气功研究，其“人体功能与数学理论”的研究成果得到相关专家的重视和肯定。期间也得到太极气功马礼堂老师的教导。因习练气功，我的病情在三个月就奇迹般地得到康复，后来还通过了学校组织的体操二级考试，圆满地完成了学业。因习练气功我更加坚信中国传统文化之博大精深。长期习练气功让我的力量、速度、耐力、弹跳等素质都有很大提高，尤其力量方面，曾刷新我校运动会三铁纪录，至今我还是我校中老年组教工铅球纪录的保持者。

气功几经风雨，在一段时期内，一些国人亦对自己的传统文化缺乏自信，盲目崇外，以至于如印度瑜伽等充斥着国内市场。但今天，经文化自信的引领，中国传统功法迎来了自己的春天，被上下五千年历史反复打磨验证的气功，以其特有的养生健体、防病治病等功效，再一次被世人认可。运动养生、运动康复、运动治未病、运动新概念等医体融合内容，如雨后春笋般涌现。

道家龙游功与我校的体育教学和中医养生学科结合，通过平时的习练和组织几百人的团体表演，使学生身心受益，身体素质、学习成绩都有较大的提高。同时，道家龙游功在走进社区推广普及的过程中，深受广大群众喜爱。本人就几十年的气功教学及亲身体验，将道家龙游功梳理成册，以供读者参考借鉴。

相关演示视频，可扫描第二章的二维码观看。

易红梅

2019年12月

前 言

道家龙游功是将中国传统保健体育文化及中医理念与西方不同体育文化元素相结合创编并具有中国本土特色的龙游功练习套路。在人们遭遇新世纪文明病——“代谢综合症”这个人类杀手之际，在文化自信的引领下，中国传统保健体育文化得到认可，掀起学习热潮。但由于当今功法的体系和练法多种多样，简繁各异，练习者难于准确选择：有的人因动作高难，不能坚持练习；有的人因年龄因素难以选择适合套路；甚至有的人因追求功效，导致肌筋断裂损伤，或过度暗示，引起精神异常等。针对这种现状，本人创编两套道家养生龙游功套路动作，以适合不同年龄特点及身体状况者选练。

本功法要求练习时融入“人与自然相统一”的理念，尽量在老师的语言引导下练习，进入功法境界，达到预期效果，如减肥、塑造良好体型、松弛紧张心态和提高工作效率。如颈椎病、偏头痛、腰痛、内分泌失调（便秘、月经不调）、失眠、慢性鼻炎等症状在习练后将消失或明显缓解。

道家龙游功具有以下特点及遵循要则：①练习方法与环境气候、个体状况相适应，强调动作在医学健美的理念指导下进行，严格遵循人体解剖学、生理学和心理学的规律。在练习过程中不误导练习者进入朦胧世界，避免心理异常或出现幻觉等。②本功法与中医阴阳五行、经络气血的基本理论相符合，人体姿势练习强调左右对称，阴阳平衡，符合人体美学的要求。练习过程有意识进行穴位刺激，着重呼吸调节（即“调息”），诱导“气”的循经运行，达到舒经活络、调和气血的目的。③练习时要求与大自然结合，置身于高山流水、鸟语花香、深林美境之中，产生心、身与大自然的融合，易于进入功法状态，达到健身美体的效果。④以人人健康美丽为目标，不追求高难动作，不以高超表演吸引群众，务求各类群体都能练习。⑤要求教师的指导通过各种形式贯通练习全过程，做到循循善诱，及时纠偏，务求练习准确到位，既符合目标要求，又能进一步提高。

希望这本书既能为大众提供一种可选择的练习方法，亦可供从事中医养生、中国传统保健体育文化传播、康复治疗、“治未病”工作的同仁学者选用。

目 录

第一章 龙游功相关理论概述

第一节　龙游功概论

一、龙的概述

中华民族被称为龙的传人。在我国浩如烟海的史料中，有许多关于龙的传说。龙常用来象征祥瑞，龙文化是汉族等东亚民族最具代表性的传统文化之一，有关龙文化的传说丰富多彩。传说龙形最基本的特点是“九似”，具体是哪九似尚有争议。传说其多为能显能隐，能巨能细，能长能短，春分登天，秋分潜渊，呼风唤雨，而这些已经是晚期龙的形象，相比最初的龙而言更加复杂。

《张果星经》云“又有辅翼，则为真龙”，认为有翼方是真龙。如西周有大量身负羽翼的龙纹器皿，乃至青龙在先秦纹饰中也有羽翼，据说青龙为祖龙。封建时代，龙是皇权的象征，皇宫使用器物多以龙为装饰。

龙在中国传统的十二生肖中排第五，在《礼记·礼运第九》中与凤、龟、麟一起并称“四灵”。而西方神话中的Dragon，也翻译成龙，但二者并不相同。

龙是中华民族的图腾。在早期，古人对大多自然现象无法做出合理解释，于是便希望自己民族的图腾具备风雨雷电那样的力量和群山那样的雄姿，像鱼一样能在水中游，像鸟一样可以在天空飞翔。因此许多动物的特点都集中在龙身上。具体如下：①龙能大能小，能升能隐，大则兴云吐雾，小则隐芥藏形，升则飞腾于宇宙之间，隐则潜伏于波涛之内。它们体态矫健，龙爪雄劲，似奔腾在云雾波涛之中。②龙能腾云驾雾，呼风唤雨，翻搅起四海云水，威力无边。③九龙戏珠的图案：描述九条龙栩栩如生，色泽鲜艳，形态逼真。有的巨龙好似腾云驾雾，要伸出影壁，飞向天空；有的瞪圆双眼，怒目而视；有的张牙舞爪，摆开架势迎战；有的气势汹汹，杀气腾腾；有的耀武扬威，得意洋洋；有的回首遥望，呼唤同伴；有的两条龙龙头相碰，呈八字形，嘴里吐着水花；有的两条互相缠绕的龙，嘴里吐出美丽的水花；有的刻着两条飞龙，前爪相抵，各自回首遥望；有的4只爪子，身体很长，会下雨，鼻子旁有胡须……真是妙不可言，美不胜收。④现代龙的主要特点是蜿蜒多姿，通体华美，虽失龙的刚猛，但仍保不可一世的威严，展示的是一种“威仪棣棣”的样子：身躯延长，须发长飘，体态多呈S形，显得刚健有力。身体的各个部分表现得极为协调，优美的姿态更富有神韵。道家龙游功就是根据以上龙的形态特征创作编排和命名的。

二、龙游功的创作理念

龙游功是我国道家华山派秘传的养生长寿功法。练习时，要求身体左右摆动犹如蛟龙出水，卷曲层出，故称龙游功。又因做功时双手合十在体前运行轨迹是三个连续的圆，又叫作“三环功”。

我们的祖先，很早就认识到了人体的反关节运动能够弥补人体运动之不足。中华民族古代的道家很早就善于调节运动七个命宫（道家所讲的七个命宫和现代医学所讲的七个内分泌腺大致相同），用以控制形体并使百病不生。道家七个命宫在人体由头至会阴的子午线上，自下而上为睃宫（精华之库）、玄宫（水液之库）、丹宫（调节之库）、心宫（循环之库）、嗌宫（生长之库）、命宫（智慧之库）、黄宫（精神之库）；而现代医学所讲的七个内分泌腺为脑垂体、甲状腺、甲状旁腺、胰腺、肾上腺、胸腺和性腺（女卵巢，男睾丸）。内分泌腺，其分泌物称为激素。激素的影响范围颇广，涉及机体的生长、发育、适应环境、应激等。龙游功就是基于这些原理，练功时产生侧向反关节的运动，使脊柱呈S形拉伸，既可强健脊柱，亦可调理三焦，并刺激肾上腺、胰腺、脑垂体等内分泌腺，从而使这些内分泌腺分泌协调、平衡和统一。

古往今来养生与长寿者的共识是“生命在于运动”“运动是健身的法宝”。由于生活习惯及职业原因，我们常做出某种固定动作，这些动作使人体的某些肌肉和器官得到了充分的锻炼，但很局限。为了弥补不足，使身体得到全面锻炼，人们尝试和研究与日常生活习惯截然不同的运动——反序运动。而龙游功与现代运动科学和医学研究证明的反序运动有异曲同工之妙，可祛病健体。

在文化自信和创新精神的启发引导下，本人根据龙游功的特点，选配禅意音乐，重新编排动作。创编动作时，考虑到不同年龄人群的身体状况、性别特点、工作特点、气候变化及场地情况，我编出两套道家龙游功动作，使其在提高健身功效的同时更具美感，同时也是给练习者多提供一种可选择的练习方法。

三、龙游功的特点

1. 选配禅意音乐：步步清风

“禅”原为佛教名词，由梵文音译而来，是“禅那”的略称，意思为“思维修”“弃恶”“功德丛林”等，通常译作“静虑”，可解释为心注一境、正审思虑，以制伏烦恼、引发智慧。佛家的禅意让人感到简约而纯净。有了这种禅意，音乐的发展更加生动、空灵、自由。

2. 融入太极理念

将内外兼修、柔和、缓慢、轻灵、刚柔相济的太极理念渗透到功法练习中，达到颐养性情、强身健体之目的。

3. 渗透不同种族文化元素

结合东西方体育文化思想进行设计和编排，以丰富龙游功套路动作的练习体位。

4. 根据龙的运动形象特点命名动作

每个动作名称都有“龙”字及来源。

5. 根据社会需求、年龄特点编排动作

编成两套动作以供不同体质、不同年龄阶段及不同工作特点的人群选练。

第二节　龙游功的练习要点

龙游功练习方法与我国本土文化、环境气候、个体状况相适应，所有动作在医学健美的理念指导下创设，严格遵循人体解剖学、生理学和心理学的规律。在练习过程中不误导人们进入朦胧世界，避免心理异常，出现幻想、幻觉等现象，这是本功法遵循的要则。龙游功与中医阴阳五行、经络气血的基本理论相结合，练习过程有意识进行穴位刺激，着重呼吸调节（即“调息”），诱导“气”的循经运行，达到舒经活络、调和气血的目的。练习姿势强调左右对称，阴阳平衡。尽量在自然环境中进行练习，最好置身于高山流水、鸟语花香、深林美境之中，这样有益于身心与大自然的融合，达到健身美体的效果。

以下几个要点需要重点关注。

一、合掌

整套动作的练习要求自始至终需合掌进行。练功时，双手合十，手指并拢，微收下颚，面带微笑。合十时，两手劳宫穴相对。劳宫穴是心包经上大穴，这个动作可缓解人的心理压力，改善睡眠，同时更有利于意守入静、以神御气，起收敛心神、平和心态、专注精神之功效。

“守神”属气功中的调心法，有时亦称调意即意念调控。关于调心法的基本要求，《上古天真论》明言：“恬惔虚无”“精神内守”。“恬惔虚无”即思想安闲清净、没有忧思杂念。“精神内守”，就是“精神”不要外泄，精气和神气留在体内，不要外泄。“精神”是人的生命能量，内守，就是守住人体生命的能量。

总而言之，合掌是有利于调心入静的。

二、夹裆

夹裆是龙游功区别于其他各种功法的最大特点。做功时要求两腿夹紧裆部，随着身体的左右摆动，会自然地使外生殖器受到摩擦。现代内分泌学证实：生殖系统产生性激素，性激素除了促进器官发育和维持生理功能外，雄性激素可使体内蛋白质合成增加和减少脂肪，雌性激素可以改变体脂的分布，降低胆固醇和脂蛋白。而龙游功的“夹裆”摆动可有效地作用于外生殖器，起调节性腺分泌使身体达到微妙平衡的作用。

裆即会阴部位，夹裆时要求提肛，所以夹裆对脱肛、尿失禁的康复亦有很好的辅助功效。肛门附近有三条经脉：督脉、任脉和冲脉。这三条对人体来说非常重要的经脉都起于会阴，它们分别主管着气、血和性。督脉长于胞中，由会阴历长强，循背上行经大椎穴，上到风府入于脑与任脉会合。督脉为阳脉之海，与人体五脏六腑相连，循环全身。任脉长于胞中，包围着女性的子宫和软组织部位，直线上升，经肚脐的神阙穴到腹腔，到咽喉，到承浆穴，连接脉络绕嘴唇一圈于面部。任脉属于阴脉之海，连接着人体的手三阴，足三阴、冲脉长于胞中，放射两边，包围着女性的卵巢和软组织部位，从两侧上行于乳房，到咽喉，环绕唇口，到脸的两颊，到头顶。冲脉上冲头顶，下达四肢，统领全身气血，称血海。三条经脉主管全身阴阳气血，直接影响五脏六腑功能的正常发挥。这三条经脉决定着人的生老病死，故对我们来说非常重要，所以练习时在调身、调心、调息的基础上，同时要“收阴提肛”。另外夹裆还可稳定重心，锻炼平衡能力，增强下肢力量，可刺激内脏腺体激素分泌，起强肾固腰之功效。

三、摇摆

练功时，头、颈及脊椎各关节全部顺龙游姿势协调摇摆，好似龙在起伏游动。从背后看，是侧向反关节的运动，脊柱成“蛇”形或“S”形。

脊柱作为人体的中轴，是身体的支柱，是支撑生命的大梁，是人体的信息传导中枢。脊柱的摇摆对腰椎间盘突出等脊柱相关疾病都有明显疗效。临床试验表明，摇摆运动有利于促进心肺功能，输送新鲜氧气到全身各细胞，使血液循环加快，排出体内积滞的有害物质，使人气血顺畅、容光焕发。

摇摆时运动腰腹，亦可刺激带脉，促进该处脂肪燃烧。脊柱前后的蛹动，有利于膀胱经、任督二脉的畅通，从而调理五脏六腑的功能。

四、画圆

练功时，两手沿弧线运动，整个动作要闭合成圆。

五、反向

练功时，腰臀部随身体起伏左右摆动，摆动方向与手的动作方向相反。

六、连贯

练功时，要求肢体似游龙一样，始终连续不断地游动，尽量做到前一动作结束后一动作立刻开始。

七、起伏

练功时，要求提踵落踵使重心升降，腹部有意识进行收缩鼓胀的起伏练习。重心升降及提踵可以调动足三阴、足三阳经，对肝、脾、肾经也有一定的作用。提踵时两臂上举，全身最大限度地拉长，臀腹收缩，可使臀腹部及全身其他部位肌肉得到很好锻炼。

八、呼吸

初练者开始时自然顺畅呼吸即可。动作熟练后，可开始专注“调息”。“调息”的具体方法是——身体上升时为吸，下降时为呼，呼吸柔和，不可强猛。

呼吸是刺激五脏六腑的重要手段之一，也是一个吐故纳新的过程。在龙游功的练习过程中，尽量做鼻吸鼻呼或鼻吸口呼，呼吸要求轻、匀、细、缓、深，深就是腹式呼吸。一般人都是胸式呼吸，事实上这很不利于身体健康。吸气时，气从背后的督脉上行，收腹提肛，呼气时气从前面的任脉下，其中舌顶上腭可连通任督两脉，会形成回环也就是形成小周天。

最后，值得注意的是，龙游功动作与呼吸结合练习过程以每个人自身感觉舒服为度。

九、意念

站立位开始时，应当全身放松。当两手合掌时将意念专注于两手掌心，两手心有心包经上大穴劳宫穴，两手相合时可收敛心神，平和情绪，达到内心平静安详的最佳龙游功境界。

龙游功即气功。气功经历上下五千年的穿越发展，意念依然是其所特有的。现代气功强调“松静自然，意守丹田”，都是用意念来完成的。意念是所有气功练习的核心，也是龙游功练习的关键。除此之外，龙游功特有的意念，就是面带微笑，意念青春活力。

古代气功中把意念称作火，意念的强弱称为文火和武火，将呼吸称作风，风吹火旺。意念总领心神、呼吸、动作。

十、收功

两手下落至下丹田时，意念集中在腹部关元穴位置（肚脐下三横指处），意念练习过程中产生的能量收集储存在下丹田，以备身体所需。

第三节 龙游功的练习要求及注意事项

一、环境

选择空气清新、环境安静的场所，避免迎风练习，尤其冬天。夏天不能在酷热中、空调房练习。练习时间长短因人而异。练功遵循春生、夏长、秋收、冬藏的自然规律，尤其冬季练功要尽量在室内“闭藏”，练功后会微微出汗，要注意保暖，以防着凉感冒。

可一人独练，也可集体练习，但集体练习效果比单独练习好，因为这会产生一种大的能量场。

在配乐练习时，动作与动作衔接要做到连绵不断，每个动作切换都是在重拍上，每一动大都4拍完成，整套动作与音乐完美结合。

二、着装

练习者应穿宽松柔软或有弹性的服装，衣服一定不能露腰和肚脐，这两个地方有人体两个重要穴位，后面腰部的命门穴和前面腹部神阙穴，都需要保护。练功前应排空大小便。

三、时间

选择练习时间以进食前为佳。腹部的起伏鼓胀练习，有利于增进食欲与提高消化能力，消除胃肠浊气。但体质较差，低血糖、血压不正常的练习者，要特别注意练习时自身的感觉，合理的时间是饭后1～2小时。每天最好练30分钟左右，最好是根据个人身体状况来适当延长或缩短练习的时间。

四、尺度

循序渐进。开始第一遍动作弧度、力度等都要柔和些，慢慢的再增加。但要注意量力而行，以免造成运动损伤。

整套动作可连贯练习，亦可每一动作单独练习或分段练习，视身体感觉而定。

五、生理反应

在龙游功练习中，可能听到或感觉骨节发出“喀喀”声响，这是身体放松、变柔软的信号，不必介意。

练习过程中如某块肌肉发生痉挛，或特别绷紧、疼痛，应停止该动作或降低动作强度和幅度，并轻松按摩该部位。

六、呼吸

如无特定要求，都用鼻孔呼吸，可增强鼻腔生理功能。

第四节　龙游功“调息”的生理学机制

龙游功亦属气功，其练习过程讲究三调：“调神、调息、调身”。其中“调息”尤为重要。现代学者运用科学方法对气功“调息”作了基础和临床研究，取得不少科学资料，具体如下。

一、“调息”对神经系统的效应

（一）“调息”可提高大脑皮层对机体各器官功能的调控

用意识控制呼吸，是气功锻炼的特点。练功者通过意念排除内源性及外源性的干扰，净化思维，使大脑皮层从意念活动的兴奋状态，通过负诱导机制进入抑制状态；同时在调息锻炼中，大脑皮层控制呼吸的信息，与脑干呼吸节律信息之间建立了条件反射式联系。随着“调息”引起血液中二氧化碳浓度上升，呼吸节律以化学性控制调节占优势，使大脑皮层从兴奋状态转为抑制状态。两种机制共同成为气功“调心”入静的生理基础。

人在安静闭目时大脑皮层枕叶区α波明显增多，从而使机体得到更加充分的休养。

（二）“调息”可增强自主神经系统平衡性

实验观察到脑干中自主神经元的电活动与呼吸节律相关。脑干中吸气神经元放电时交感神经元放电增多；

呼气神经元放电时副交感神经元放电增多，而交感神经放电活动减少。家兔膈神经放电时，可观察到稍为滞后的颈交感神经节律性放电。肺扩张实验证明，反射性引起呼气开始或吸气停止，可提高副交感神经系统的兴奋性，使交感神经的活动被抑制。因此认为在一般条件下，吸气中枢的兴奋可广泛地扩散到交感神经系统；呼气中枢的兴奋可扩散到副交感神经系统。气功调息研究发现，用意识控制呼吸形式，调整吸气相和呼气相的时程及深度，于前额皮层诱导出θ波，它与交感活动呈负相关，同时心脏节律性也发生相应变化，结果提示：前额皮层θ波活动控制心脏自动节律，起到调整自主神经功能的效果。而自主神经功能的改善，是机体心血管系统及内脏机能活动调节的主导机制，将对许多身心疾病起防治作用。边缘系统由大脑皮层内侧叶和皮层下结构所组成，是自主神经系统调节内脏活动的最高级中枢，与机体的情绪、记忆、摄食、饮水、植物性反应等多种功能密切相关。借助生理学实验模型，用空气气功调息法，观察到它对自主神经平衡效应，对心理、忧郁性疾病等产生明显影响。这是脑干呼吸中枢信息发放使边缘系统电活动产生易化而同步，进而增强大脑皮层对全身脏器活动的整合功能。

二、“调息”对呼吸系统的效应

（一）“调息”对肺通气亦有影响

不同的呼吸形式下肺通气量、潮气量、通气气流速率都有不同的变化。深而慢的呼吸，肺通气量可能减少，但肺泡通气量不一定降低，气体更新率可以增加。腹式呼吸时，膈肌下降可达正常的3～4倍。膈肌每下降1cm，肺通气量可增加200～300mL。由于膈肌下降幅度大，胸内负压加大，促使腔静脉血回流加速，右心室充盈度及肺动脉血量增大。练功时机体处于安静状态（静功），左心输出量不一定增加，于是肺循环血管床面积增大，血流通过肺毛细血管的速度减慢，血液与肺泡间的气体交换时间延长，气体交换率得以提高。根据流体力学原理，气流阻力与气体流速呈反比，所以深而慢的均匀呼吸，对于克服气道阻力，改善肺顺应性和肺血流运转将起良性效应，这可能是气功用于慢阻肺（COPD）、支气管哮喘等疾病治疗并产生效果的机理。

（二）“调息”对气体代谢的影响

研究表明，练功者在“调息”入静状态，机体的代谢强度降低，单位时间耗氧量减少，但血液化学分析可观察到呼出气体的氧含量减少，二氧化碳增加，说明机体对氧气的吸收和利用率增高。动脉血中氧分压下降，二氧化碳分压增高，但血氧饱和度仍在正常范围（见表1、表2），说明机体处于相对缺氧状态。在机体入静耗氧量降低条件下，二氧化碳分压增高可使血管舒张，微循环改善，这对于心、肾、肝、脑等重要脏器的血液循环将起良性的生理效应。相对缺氧还可增加冠脉血流灌注量，拓通侧支循环，有益冠心病的防治。相对缺氧还可以促进肾脏分泌红细胞生成素，增加血液中红细胞数量。练功者血液乳酸含量正常，说明能量代谢仍以糖的有氧分解为主，无需偿还氧债。糖的有氧分解生成大量ATP，在机体入静耗能减少，熵值下降的条件下，机体的能量转换和利用表现为贮能效应。这些特点可能是练功者面色红润，出现热效状态的机制，也是“真气”活跃和运行的物质基础。

表1 “调息”练习时呼吸气量分析

	肺泡通气量（L/h）	呼出气体氧含量（%）	呼出气体二氧化碳含量（%）	耗氧量（L/h）	呼出二氧化碳量（L/h）
功前	335.2	16.4	4.2	15.41	14.07
行功时	126	13.6	7	9.32	8.82

表2 “调息”练习时动脉血气分析

	氧分压（kPa）	氧饱和度（%）	二氧化碳分压（kPa）	血液的pH值
功前	13.3	98	4.98	7.387
功后	12.5	93.8	6.76	7.295

三、“调息”对心血管系统的效应

平静的自然呼吸，胸腔内负压在整个呼吸周期中波动于-0.4～-1.33kPa之间，而“调息”锻炼成慢而深的呼吸时，胸腔内负压可加大到-2.6～-5.33kPa。此种大幅度的压力变化，作用于管壁薄的胸腔静脉，使之抽吸加强，促进回心血量增加。实验证明，“调息”深吸气时，胸腔负压加大常伴有动脉血压降低，幅度在0.67～3.33kPa，呼气时则血压恢复原来水平或略有升高。所以深而慢、有节奏的“调息”锻炼可能起到节律性“心脏按摩”的效应，对于心肌射血功能和血压的升降变化起良性的调节作用。“调息”活动还能调节自主神经系统的活动而影响心血管功能，长吸式呼吸可使交感神经兴奋，血压上升；长呼式呼吸可提高副交感神经的兴奋性而使血压下降，心率减慢。因此，“调息”对血压起双相调节效应。调息练习后，对垂体—肾上腺轴的活动起抑制作用，血清皮质醇水平明显下降，可能是对心血管疾病起防治作用的重要环节。

四、“调息”对消化系统的效应

意念控制的深而慢呼吸，加大了膈肌活动幅度。一方面，膈肌活动对胃肠产生机械按摩作用；另一方面，腹腔压力变化引起胃肠平滑肌张力的变化，两者对胃肠起共轭按摩作用。若调息适当，可能对胃肠蠕动和分泌功能产生良性的调节效应。由于消化系统是在自主神经系统的直接调控下进行生理活动的，所以，如前文所述，调息的锻炼能通过调节自主神经功能，达到改善消化和吸收功能的效果。此外，大脑皮层的机能状态、情绪的反应对消化系统功能也产生良好影响。气功锻炼，通过调息而入静，机体波动的情绪趋于平稳，大脑皮层对皮层下中枢的调节得以改善，自主神经活动趋于平衡，消化系统功能得到综合性优化调控，从而对消化系统疾病起到良好的防治作用。

综上所述，气功调息锻炼，在脑干和皮层之间实现呼吸信息的双相扩布，呈节律性易化的同步效应，使大脑皮层有序化程度增加，提高其整合机能，通过皮层下诸结构，对机体各系统机能起良性的自我调控作用。调息活动的特殊呼吸类型对呼吸、心血管系统产生直接的机械和动力学效应。调息所引起的气体代谢特点，对机体产生良性的储能效应。这些机制的综合作用，使组织器官的活动保持动态平衡，提高“自身建设”“自我修复”的能力，从而起到防治疾病、益寿延年的效果。

第二章 龙游功的基本套路和要领

第一节　龙游功基本动作

一、头部基本动作

低头、抬头、左转头、右转头。（见图1～图4）

图1

图2

图3

图4

二、手的基本动作

扣指（两大拇指相扣）、合十（体前朝下合十、胸前合十、头顶合十）。（见图5～图7）

图5

图6

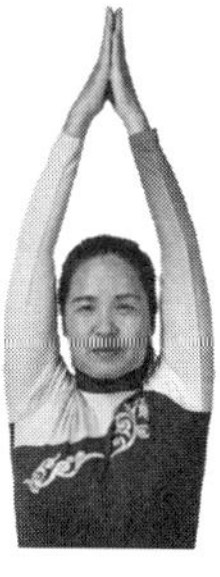

图7

三、臂的基本动作

屈臂、夹臂、直臂。（见图8～图11）

图8

图9

图10

图11

四、下肢基本动作

并脚和脚抓地（耙地）、夹腿、屈膝、提踵。（见图12～图15）

图12

图13

图14

图15

五、躯干基本动作

左、右顶胯，展胸。（见图16～图18）

图16

图17

图18

六、腹部基本动作

收缩鼓胀腹，刺激胃肠挪动。

七、提肛基本动作

促进局部血液循环。

第二节　龙游功的名称及来源

一、龙游功功法（一）动作名称及其来源

预备势

起势

第一式　左右云龙摆尾

《云龙飞》中所言：“神龙云间摆尾飞，此地定有圣人出；草原牛羊摆尾走，云低山高云厚光。”

第二式　左右神龙探首

神龙见首不见尾。

第三式　左右蛟龙翻腾

蛟：古代传说无角的龙，传说蛟龙得水就能兴云作雾，飞腾上天，比喻英雄人物有施展才华的舞台。其动作路径旋转翻腾，上天入地，身形灵动，快意自如，常有“蛟龙出海”“蛟龙探头”“蛟龙翻腾”的描述。

第四式　左右蛮龙归正

大禹治水的传说。

据说，大禹有三样法宝：一是伏羲给他的河图、玉简；二是天上的应龙，用尾巴划地，给他指引方向，大禹沿着应龙划尾的线路，领着民工开凿河道，疏导洪水；三是大乌龟，把息石和息壤投到低洼的地方。

有一天，一条全身乌黑的龙，在坝边的洪水里翻身打滚，兴风作浪，还把大禹他们辛苦筑起来的大坝弄倒了。应龙告诉大禹，这是一条蛮七蛮八的蛮龙，邪气太重，归不了正的。于是乌龟带着大禹上了一座高山，看见那条全身乌黑的巨龙，头上长着一对雪白耀眼的龙角，正在嬉戏翻腾，不时掀起冲天的浪。大禹指挥它，它全然不理。于是大禹取出一块小小的五彩息石，放在乌龟的尾尖，那息石立即成为一块斗大的巨石。

乌龟只把尾巴轻轻一挥，天空就划出一道朦胧彩虹样的弧线，五彩息石不偏不倚地落在乌龙脑门顶上的两只龙角之间。乌龙哈哈大笑说："这块小小的花石头，奈何我不得。"

可那五彩息石，无时无刻不在膨胀变大。不一会，便把蛮龙的龙角撑紧了，疼得它直摇头。五彩息石不断生长，最后终于把蛮龙制服了。从此，蛮龙成了大禹的一个得力助手，听候大禹调遣。

第五式　左右伏龙抬头

意译：匍匐在地上的龙抬头的样子。

第六式　游龙戏水

游龙是中国银币上出现的龙的图案之一，因龙作游动状得名。

第七式　左右青龙入海

意译。

第八式　龙行虎步

晋朝时期，刘裕仪表不凡，走路像龙在行走、虎在迈步，气概威风雄壮，看问题与众不同。恒玄篡夺晋朝政权，刘裕起兵讨伐，迎立安帝，被封为宋公。他平定南燕、后燕、秦这些自立为王的国家。公元420年，他废晋而建立宋朝，为宋武帝。

第九式　火龙飞天

意译。

收势

二、龙游功功法（二）动作名称

预备势

起势

第一式　左右云龙摆尾

第二式　左右神龙探首

第三式　左右蛟龙翻腾

第四式　左右蛮龙归正

第五式　青龙飞天

第六式　左蛟龙翻腾

第七式　左蟠龙盘旋

意译：似盘旋着的巨龙样子。

第八式　右蛟龙翻腾

第九式　右蟠龙盘旋

第十式　左右活龙鲜健

意译：形容人健壮有活力的样子。

收势

第三节　龙游功功法（一）技术要领

预备势

两脚并立，两腿夹紧，两臂自然下垂。（见图19）
提示：心情放松，保持微笑。

图19

一、起势

并腿直立开始。
1. 双脚并拢，两腿夹紧，两臂侧起时两手掌心向上，至头顶翻掌心向下，下行至腹前分开至体侧。过程中伴随呼吸运动，上举时吸气，下落时呼气放松（气不够长可自行调整呼吸）。最后气沉丹田，用心体会将浊气从脚底排出的感觉。（见图20～图27）

图20

图21

图22

图23

图24

图25

图26

图27

2. 两臂侧起时两手掌心向上，两手臂上举至头顶时夹紧耳朵，向上拉伸，两掌合十，再下落至胸前。双手合十时，两手劳宫穴及胸前膻中穴都是手厥阴心包经上的大穴，心包经之荥穴–劳宫等经络腧穴原理，有运行气血、宁心安神之功效，亦有中华民族传统美德谦逊、平和、友善之意。（见图28 ~ 图34）

提示：舒展肢体，收敛心神，进入最佳练功状态。

图28

图29

图30

图31

图32

图33

图34

二、左右云龙摆尾

两手胸前合十开始。（见图35）

图35

（一）左云龙摆尾

两腿夹紧屈膝下蹲的同时两手合十向左，左膝顶右膝，头和臀部尽量右顶，眼看右侧。双手合十向左移动至某一限度，感到腰部肌肉受牵拉，与此同时，能明显感到颈部左侧胸锁乳突肌拉伸。再缓慢放松还原成两手胸前合十。（见图36、图37）

图36

图37

（二）右云龙摆尾

动作相同，方向相反。（见图38 ~ 图40）

提示：动作主要体现在臀部，想象躲在云彩中的龙，只能看到其尾部的摆动。

图38

图39

图40

三、左右神龙探首

两手胸前合十开始。（见图41）

图41

（一）左神龙探首

压掌，左手在下与手腕成90度弯曲，右手在上，两手掌相合。肘关节弯曲，缓缓向左延伸至一定限度，同时右髋关节向右顶；再左掌托右掌向上向右回抽两手，露出头部，同时左髋关节向左顶。手再缓慢向右画圆还原至开始姿势。具体如下。

1. 压掌，右手压左手掌成指尖朝左，眼看手指。（见图42）

图42

2. 伸托手，两手先向左伸出，再向上，左手托右手运行，眼睛看手。（见图43、图44）

图43

图44

3. 回抽掌，两手掌向上向右回抽至头顶右侧，头从肘弯处探出，再向下还原成两手胸前合十，头部摆正。（见图45～图47）

图45

图46

图47

（二）右神龙探首

动作相同，方向相反。（见图48～图54）

图48

图49

图50

图51

图52

图53

图54

提示： 做动作时注意力集中在头部，想象龙从云彩中探出头来窥视的神态。

四、左右蛟龙翻腾

两手胸前合十开始。（见图55）

图55

（一）左蛟龙翻腾

双手合十，缓慢上举至头顶，两臂伸直、夹紧耳朵（注意不要前倾），保持手臂上举、双手合十动作，上身缓慢向左侧，头向右转，眼睛看天空，感受右侧躯干牵拉、伸长和轻微的紧张感后，屈膝，上体左转同时髋关节右顶。左手在下，右手在上，右手压左手，再慢慢向右回抽，感受有力对抗（同时髋关节向左顶），双手回抽至身体右侧，随惯性画圆还原至胸前，膝盖慢慢复原。具体如下。

1. 两手合十上举至头顶，两臂伸直。（见图56～图58）

图56

图57

图58

2. 身体向左侧，髋关节右顶，头右转，眼看天空。（见图59）

图59

3. 身体向左转同时两臂向左侧下落，眼睛看手。（见图60）

图60

4. 两臂回抽至右侧同时臀部左顶，眼睛跟着手走。再还原成两手胸前合十。（见图61～图63）

图61

图62

图63

（二）右蛟龙翻腾

动作相同，方向相反。（见图64～图72）

提示：注意力在腰和躯干，想象矫健的龙在空中翻腾的样子。

图64

图65

图66

图67

图68

图69

图70

图71

图72

五、左右蛮龙归正

两手胸前合十开始。（见图73）

图73

（一）左蛮龙归正

屈膝下蹲，同时两手合十向左前方45°推出，目视两手，抬头挺胸，塌腰，翘臀。尽量向右后方翘臀，脖子后面的肌肉有收紧的感觉。再伸直膝盖，还原成两手胸前合十。（见图74、图75）

图74

图75

（二）右蛮龙归正

动作相同，方向相反。（见图76～图78）

提示：专注头、胸、腰背、臀的用力。

图76

图77

图78

过渡动作：两手下落到腹前分开至身体两侧。（见图79～图81）

图79

图80

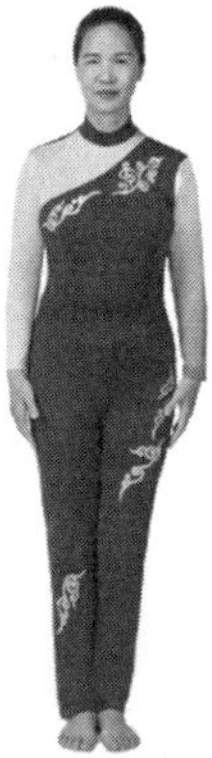

图81

过渡动作：接上势，身体前倾，两手体前合掌，立起上体，同时翻腕成两手胸前合十。（见图82～图85）

图82

图83

图84

图85

两手合十上举至头顶，直臂夹耳，两眼平视前方，然后分开两手掌心朝前，上体后仰，同时向前送胯，再上体立直后前倾下压至双手触地。（见图86～图91）

图86

图87

图88

图89

图89（附图）

图90

图91

图91（附图）

六、左右伏龙抬头

（一）左伏龙抬头

左膝跪地，右腿向后伸直，上身前倾至水平状态，双手扶地。上体立起并后仰，抬头向上看。（见图92～图95）

图92

图92（附图）

图93

图93（附图）

图94

图94（附图）

图95

图95（附图）

（二）右伏龙抬头

动作相同，方向相反。（见图96～图100）

图96

图96（附图）

图97

图97（附图）

图98

图98（附图）

图99

图99（附图）

图100

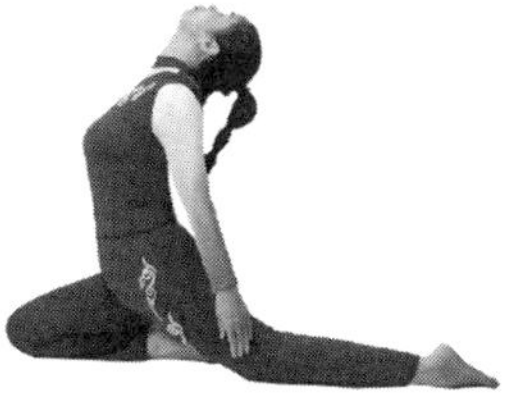

图100（附图）

提示：专注头、颈、肩、腰、臀的依次用力，尤其头的后仰动作。

七、游龙戏水

接上式，收回左脚成跪伏姿势。（见图101）

图101

图101（附图）

左手臂向前伸出然后右手臂向前伸出，手和前臂紧贴地面，臀部紧贴小腿，目视看手。（见图102、图103）

图102

图102（附图）

图103

图103（附图）

臀部推着躯干向前移动，至全身拉直，手臂向上推起，上半身伸直，抬头后仰。重复一次。（见图104～图107）

提示：想象游龙在水中游动的身形，专注力从尾闾传导到腰–胸–颈–头，再头–颈–胸–腰–臀传导回来。

图104

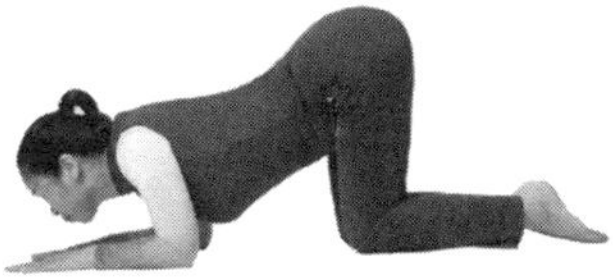

图104（附图）

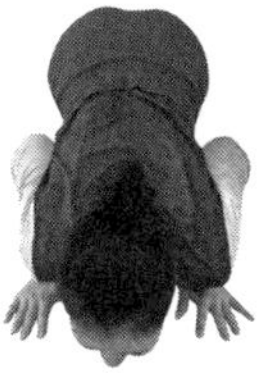

图105

图105（附图）

图106

图106（附图）

图107

图107（附图）

过渡动作：双手撑地，膝盖和脚背着地，然后低头，含胸，提臀，勾脚，臀部上顶至膝盖离地、两腿伸直。（图108～图111）

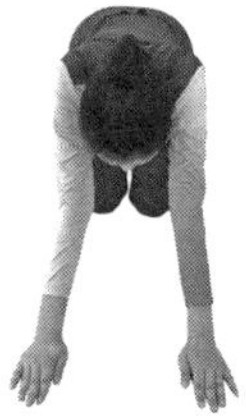

图108

图108（附图）

图109

图109（附图）

图110

图110（附图）

图111

图111（附图）

接上势，左脚向前一步，右脚跟进一步，成两脚平行、全脚掌着地，两手支撑地面，两腿伸直，顶肩。（见图112、图113）

图112

图112（附图）

图113

图113（附图）

八、左右青龙入海

（一）左青龙入海

左脚上举时抬头，脚缓慢落下还原。（见图114、图115）

图114

图114（附图）

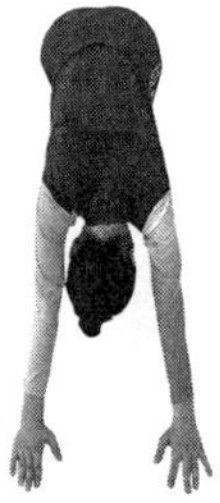

图115

图115（附图）

（二）右青龙入海

右脚上举时抬头，脚缓慢落下还原。（见图116、图117）

提示：高举的脚要与身体成一直线，要有俯冲的感觉。

图116

图116（附图）

图117

图117（附图）

九、龙行虎步

双脚向前各走两步，手脚尽量靠近，然后两手抱住小腿，膝盖尽量伸直，抬头。（见图118～图123）

提示：步履稳健。

图118

图118（附图）

图119

图119（附图）

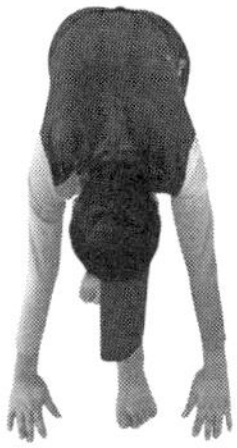
图120

图120（附图）

图121

图121（附图）

图122

图122（附图）

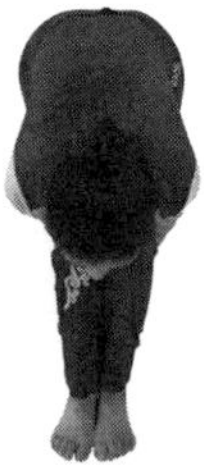

图123

图123（附图）

十、火龙飞天

从两手抱膝抬头开始。

两手体前合掌上举至头顶，手带着头、肩、躯干慢慢抬起，保持两手头顶合十。（见图124、图125）

提示：身体尽量向上延展。手带动肩、胸、腰、臀依次起来成直立姿势。

图124

图124（附图）

图125

图125（附图）

十一、收势

接上势，两手头顶合十，两手分开掌心向下，外导里行，两手缓慢下行至腹部，再还原至体侧。（见图126～图129）

提示：意念专注，引气归元。

图126

图127

图128

图129

第四节　龙游功功法（二）

技术要领

预备势： 两脚并立，两腿夹紧，两臂自然下垂。（见图130）

提示： 心情放松，保持微笑。

图130

一、起势

并腿直立开始。（见图131）

1. 双脚并拢，两腿夹紧，两臂侧起时两手掌心向上，至头顶翻掌向下，下行至腹前分开至体侧。该过程伴随呼吸运动，上举时吸气，下落时呼气放松（气不够长可自行调整呼吸）。最后气沉丹田，用心体会将浊气从脚底排出的感觉。（见图131～图138）

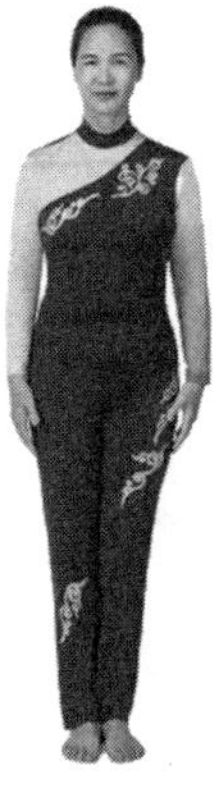

图131

图132

图133

图134

图135

图136

图137

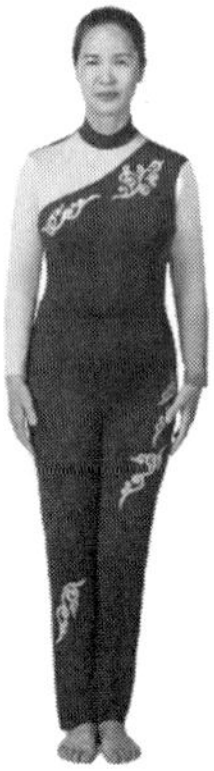

图138

2. 两臂侧起时两手掌心向上，两手臂上举至头顶时夹紧耳朵，向上拉伸，两掌合十，再下落至胸前。双手合十时，两手劳宫穴及胸前膻中穴都是手厥阴心包经上的大穴，心包经之荥穴—劳宫等经络腧穴原理，有运行气血、宁心安神之功效，亦有中华民族传统美德谦逊、平和、友善之意。（见图139～图145）

图139

提示：舒展肢体，收敛心神，进入最佳练功状态。

图140

图141

图142

图143

图144

图145

二、左右云龙摆尾

两手胸前合十开始。（见图146）

图146

（一）左云龙摆尾

两腿夹紧屈膝下蹲的同时两手合十向左，左膝顶右膝，头和臀部尽量右顶，目视右侧。双手合十向左移动至某一限度，感到腰部肌肉受牵拉，与此同时，能明显感到颈部左侧胸锁乳突肌拉伸，再缓慢放松还原成两手胸前合十。（见图147、图148）

图147

图148

（二）右云龙摆尾

动作相同，方向相反。（见图149～图151）

提示：动作主要体现在臀部，想象躲在云彩中的龙，只能看到其尾部的摆动。

图149

图150

图151

三、左右神龙探首

两手胸前合十开始。（见图152）

图152

（一）左神龙探首

压掌，左手在下与手腕成90°弯曲，右手在上，两手掌相合。肘关节弯曲，缓缓向左延伸至一定限度，同时髋关节向右顶，再左掌托右掌向上向右回抽两手，露出头部，同时左髋关节向左顶。再缓慢向右画圆还原至开始姿势。具体如下。

1. 压掌，右手压左手掌成指尖朝左，目视手指。（见图153）

图153

2. 伸托手，两手先向左伸出，再向上左手托右手运行，目视双手。（见图154、图155）

图154

图155

3. 回抽掌，两手掌向上向右回抽至头顶右侧，头从肘弯处探出，再还原成两手胸前合十姿势，头部摆正。（见图156～图158）

图156

图157

图158

（二）右神龙探首

动作相同，方向相反。（见图159～图165）

提示：注意力集中在头部，想象龙从云彩中探出头来窥视的神态。

图159

图160

图161

图162

图163

图164

图165

四、左右蛟龙翻腾

两手胸前合十开始。（见图166）

图166

（一）左蛟龙翻腾

双手合十，缓慢上举，至头顶，两臂伸直、夹紧耳朵（注意不要前倾），保持手臂上举，双手合十动作，上身缓慢向左，头向右转，眼睛看天空，感受右侧躯干牵拉、伸长和轻微的紧张感后屈膝上体左转，双手向左向下移动，同时髋关节右顶。左手在下，右手在上，右手压左手，再慢慢向右回抽，感受有力对抗，（同时髋关节向左顶），双手回抽至身体右侧，随惯性画圆还原至胸前，膝盖慢慢复原。具体如下：

1. 两手合十上举至头顶，两臂伸直。（见图167～图169）

图167

图168

图169

2. 身体向左倾，髋关节右顶，头右转，目视天空。（见图170）

图170

3. 身体向左转，双手向左向下移动，目视双手。（见图171）

图171

4. 两臂回抽的同时臀部左顶，眼睛跟着手走，还原成两手胸前合十。（见图172～图174）

图172

图173

图174

（二）右蛟龙翻腾

动作相同，方向相反。（见图175～图183）

提示：注意力在腰和躯干，想象矫健的龙在空中翻腾的样子。

图175

图176

图177

图178

图179

图180

图181

图182

图183

五、左右蛮龙归正

两手胸前合十开始。（见图184）

图184

（一）左蛮龙归正

屈膝下蹲，同时两手合十向左前方45° 推出，目视双手，成抬头挺胸、塌腰、翘臀姿势。尽量向右后方翘臀，脖子后面的肌肉有收紧感觉。再伸直膝盖，还原成两手胸前合十。（见图185、图186）

图185

图186

（二）右蛮龙归正

动作相同，方向相反。（见图187～图189）

提示：专注头、胸、腰背、臀的用力。

图187

图188

图189

过渡动作：两手下落到腹前分开至身体两侧。（见图190 ~ 图192）

图190

图191

图192

预备：两脚并立，两腿夹紧，两臂自然下垂。（见图193）

图193

过渡动作：接上势，身体前倾，两手体前合掌，立起上体，同时翻腕成两手胸前合十。（见图194～图197）

图194

图195

图196

图197

六、青龙飞天

两手胸前合十开始。

两手合十向上提拉，脚跟立起停顿片刻后，双手继续向上提拉同时脚跟下落着地。（见图198～图201）

提示：脚跟抬离地面和脚跟下落时，上体依然保持向上提拉的姿势，让腰部有上下拉开的感觉。

图198

图199

图200

图200（附图）

图201

图201（附图）

七、左蛟龙翻腾

接上势，身体向左侧，髋关节右顶，头右转，眼看天空。（见图202）

图202

身体向左转，双手向左向下运动，眼睛看手。（见图203）

图203

两臂往身体方向回抽至左肩侧的同时臀部左顶。（见图204、图205）

提示：注意力在腰和躯干，想象矫健的龙在空中翻腾的样子。

图204

图205

八、左蟠龙盘旋

接上势。手指由左向后向前向下旋腕翻掌成左手在上右手在下十指朝下的姿势。（见图206～图209）

图206

图207

图207（附图）

图208

图209

双手向下移动（右手外劳宫正对肚脐）至右侧时，两膝下蹲同时右膝顶左膝，髋关节往左挤顶。（见图210～图213）

图210

图211

图212

图213

双手下伸，左手在下右手在上（左手外劳宫）正对膝盖向左移动，同时两膝和髋关节往右挤顶。（见图214、图215）

图214

图215

双手至右侧后翻掌（右手外劳宫正对肚脐）成左手在上右手在下，上提双手再右移成蛮龙归正，再还原成两手胸前合十。（见图216 ~ 图221）

图216

图217

图218

图219

图220

图221

提示：专注躯干的左右摆动和旋腕翻掌时手的运行路线。

九、右蛟龙翻腾

两手胸前合十开始。

两手合十上举至头顶，两臂伸直。（见图222、图223）

图222

图223

身体向右侧，臂部左顶，头左转，眼看天空。（见图224）

图224

上半身向右转，双手向右向下移动，眼睛看手。（见图225）

图225

两臂回抽至右肩前同时臀部右顶。（见图226、图227）

图226

图227

提示：注意力在腰和躯干，想象矫健的龙在空中翻腾的样子。

十、右蟠龙盘旋

接上势。动作与左蟠龙盘旋动作相同方向相反。（见图228～图243）

提示：专注躯干的左右摆动和旋腕翻掌时手的运行路线。

图228

图229

图229（附图）

图230

图231

图232

图233

图234

图235

图236

图237

图238

图239

图240

图241

图242

图243

十一、左右活龙鲜健

两手胸前合十开始。（见图244）

合十上举至头顶。（见图245）

图244

图245

保持身体向上的提拉动作，提踵。（图246）

图246

图246（附图）

保持身体向上的提拉动作，落踵。（图247）

图247

图247（附图）

身体左侧，还原；身体右侧，还原。（见图248～图251）

提示：专注腰的牵拉伸长。

图248

图249

图250

图251

十二、收势

接上势。分掌下落至腹部，分两手至体侧。（见图252～图255）

提示：意念专注，引气归元。

图252

图253

图254

图255

第五节　龙游功的功效和练功时的现象及原因

一、龙游功的功效

龙游功模仿龙的神态及动作，脊柱大幅度地拉开呈“S”形（从后背看），头、颈及脊椎各关节依次顺龙游姿势协调而动，姿势摇摆柔顺，好似龙在起伏游动。龙游功主要以活动躯干部位为主，使督脉得到调理同时亦可防治脊椎的骨质增生。龙游功动作时发于腿、主宰于腰、形于首，使龙气回转、真气储存，这就是道家传统功法的绝妙之处。身体重心的升降及提踵练习可调动足三阴经、足三阳经及肝、脾、肾经，协助打通任督二脉。同时，提踵及两臂上举使身体最大限度地拉长、臀腹收缩，练功达到一定时日，臀腹部肌肉松弛症状就能得到明显改善。老年人练此功，可保持腰背挺直，妇女练此功，可避免腰腹肥大、骨盆肌肉松弛，达到腰肌柔韧灵活、体形健美的目的。具体功效如下：

1. 强肾固腰，增强脊柱灵活性。

2. 刺激五脏六腑。

3. 通经活络。

4. 健美减脂。

总之，练龙游功的好处颇多。它既能健身祛病，又能减肥健美，且好学易练，动作优美；它不需专门场地，只要有一立足之地就可练习；它不拘早晚，不限饮食，时间长短无碍，有时间二十分钟也行，没时间三、五分钟也可。

二、龙游功练习时出现的现象及原因

1. 打嗝、放屁是清气上扬，浊气下泄现象。

2. 中焦胃脘发热、肌肉局部发热，这是经络活跃、运行畅通的反应。

3. 流眼泪是人体排毒的现象。

4. 关节发出声响说明关节变灵活，若声响伴有疼痛或关节活动受限，应停止练习到医院检查。

5. 意念有时凌乱，不必太在意，意识到了，调整过来就好。

6. 刚开始练习时会出现轻微的疼痛酸胀感是提示人体的动作要柔和些，以防运动损伤。

第三章 龙游功的辅助练习介绍

第一节 辅助练习方法（一）

一、呼吸练习

1. 双脚并拢，双手合十于胸前，闭目，安静感受鼻腔的呼与吸。

2. 吸气时，双脚并拢，两腿夹紧，提臀，收腹，收肛；呼气时，全身放松，可促进胃肠蠕动，缓解便秘，亦有利于产后脱肛的恢复。

二、夹腿顶胯练习

双脚并拢，两腿夹紧，缓缓屈膝，同时左（右）顶胯，再缓缓还原恢复直立姿势，反复练习。

三、注意事项

1. 练习之前，平心静气，可将手机关机或调成静音模式，防止被干扰。

2. 心无杂念，全神贯注，排除他物。

3. 练习过程中，要适度，循序渐进，过犹不及。

4. 练习切忌三天打渔两天晒网，要坚持。

5. 练习后仍需注意饮食劳逸。

第二节 辅助练习方法（二）

一、推腹法

身体直立，两手掌重叠，从胸口处垂直向下推至下腹部，在推的过程中，注意稍用力下压，伴随均匀呼吸。反复多次，可闻及肠鸣音或出现呃逆，属正常现象，表示肠蠕动活跃，且利于各脏腑自身的调节，但不应一味追求该效果，适度练习即可。

二、摩腹法

身体直立，两手掌重叠置于腹部，按顺时针方向摩腹50次，而后再逆时针重复50次，摩腹过程中双手稍用力，移动要柔和。

三、收功法

身体直立，两脚微微分开，两手掌重叠置于腹部，男性将左手置于下层（女性右手），闭目，腹式呼吸，吸气时伴随腹部收缩，呼气时腹部鼓起，耳朵静听呼吸的声音。

提示： 呼吸时腹部起伏不必拘泥，年老或患有肺部疾病等人群不可强求，自然呼吸即可。呼吸类型除腹式呼吸外，还有胸式呼吸、自然呼吸，以及不可取的肩部呼吸。

四、注意事项

1. 过饥过饱状态下不宜练习，建议饭后半小时至两小时进行。空腹最佳，但体质差的要防止低血糖发作，建议练习前喝点流质食物等。

2. 练功过程要专注。

3. 建议集体练习，人多会产生较大的能量场，效果更佳。

第三节　辅助练习方法（三）

一、“坐”法

1. 跪坐：屈膝跪地，臀部尽量坐在脚跟上。

2. 散盘坐：坐地，双腿交叉，左脚压在右腿下方，右脚压在左腿下方。

3. 单盘坐：坐地，双腿交叉，左（右）脚压在右（左）腿下方，右（左）足置左（右）腿上。

4. 双盘坐：先将左（右）足置于右（左）腿腹股沟处，再将右（左）足置左腿（右）上面或腹股沟处。

5. 缠腿坐：左（右）脚屈膝跪地，臀部尽量坐在左（右）脚跟上，右（左）腿屈膝从左（右）腿上缠绕至脚尖向后脚面朝下。

二、“坐”的注意事项

1. 根据个人能力，选择动作。

2. 动作练习时，若感到紧张或疼痛难受，应马上放松或交换两脚进行练习。

三、“坐”的功效

1. 养生保健、开智增慧、延年益寿。《庄子》一书记载，黄帝曾向广成子询问长寿之道。广成子说：“无视无听，抱神以静，形将自正。必静必清，无劳汝形。无摇汝精，无思虑营，乃可以长生。目无所视，耳无所闻，心无所知，汝神将守汝形，形乃长生。”此乃打坐中的真实感受及长生之道。故各类练功门派及佛家、儒家都练习打坐。

2. 缓解腿部肌肉酸痛。以上坐姿的练习，都可挤压腿部肌肉，加速血液循环，释放堆积的乳酸，同时还可增加体腔的静压力，有利于最大限度地降低新陈代谢速度，起到缓解腿部肌肉酸痛的效果。

中医认为腿部乏力酸痛多与气虚有关。中医认为：可能受外因风、寒、湿，或由于内因怒、思、恐过甚，或由于不外不内因如房事不节，伤肾精气，外伤伤筋动骨，饮食湿、寒之物伤脾等原因所致。

现代医学认为：一是运动过程乳酸分泌，小腿肌肉酸痛，属于运动中的正常生理现象。肌肉收缩产生能量的同时，肌肉内也发生着一系列变化，三磷酸腺苷、磷酸肌酸、糖原分解放能。若强度过大，血液循环跟不上，氧气供应不足，乳酸堆积，将刺激神经系统，引起疼痛；二是心脏压力不够，静脉弹性不够，血液在下肢难以回流到心脏，导致下肢静脉曲张。原因有很多种，比如长时间的站立或行走，缺乏规律的休息和锻炼（售货员的职业病），腿部肌肉太少，心血管功能较差。三是局部循环不良，周边血管病变或脚部静脉曲张。环境温度突然改变。饮食中的矿物质（如镁、钙）含量不足。某些慢性疾病、孕妇的发生率也会提高。甲状腺过低、尿毒症或其他身体疾病。运动神经元疾病，脊髓神经根病变或周边神经病变。某些降血压及降血脂等药物引起等。

3. 安静的坐姿，可达禅意境界，对缓解更年期引起的失眠和潮热亦有良好功效。

附录

学员练功感想集锦

长期坚持练习的学员反馈，身体各方面有很明显的改善，如身体变轻松了、肩周炎得到缓解和康复、冬天手脚变暖和、减肥效果很好等，具体如下。

学员1

我今年93岁了，以前常为脱肛所折磨，解大便脱肛，解小便也脱肛，走路也脱肛，一边走路还要用手托，因为一垂下来，就不容易收进去了，走路也不方便。后来由我女儿指点做龙游功，可提肛，有一个姓李的医生也指导我，要我做提肛活动。这以后我便每天都提三四次，不到一星期就好多了，解完大便脱肛，很快就托上去了，解小便、走路都不容易脱肛了，方便得多。

学员2

自从加入了易老师龙游功教学团队，我就深入接触并学习龙游功，每天勤加练习，不仅对自己的身体有极大的好处，而且学习了龙游功的教学方法后，我可以把这套功法教给更多的人，让更多的人从中获益——强身健体的同时得到内心的平静。另外，在我将来的职业生涯中，我可以灵活地运用龙游功，作为一种康复治疗手段，让病人能够通过重复练简单的动作，达到我预想的康复效果，让病人能够更快的康复。

学员3

此次过程对我收益最大的就是龙游功。不仅仅是为了应付校庆表演，龙游功还能在人生各个阶段发挥益处。易老师刚开始说这是道家传统功法，能减肥、健美、健身、放松的时候，我还有点不信，心想就这点动作还有这么神奇的功效？但是当我用心地跟着老师做完一遍之后，我就知道这是我愚昧无知了。做完龙游功的第二天，整个人都特别舒服，神清气爽，感觉更有精力去应付学习上的压力，也许这就是它的绝妙之处吧。不得不感慨中华传统文化的魅力，也很开心能学到这一受益终身的技术。

学员4

龙游功将我浸润在另一种境界，看似柔如水，却又钢中藏，每个动作都揉进哀怒喜乐里，闭上眼都怀疑身处紫气东来的仙境，身体只觉轻盈飘逸。除此之外，动作一升一降，都需要一呼一吸的完美配合，气息平稳，都可以和练习书法“宁静致远”的气势媲美了。

学员5

对于龙游功，我深有感触的是里面有许多的牵拉、伸展动作，让身体针对不同部位的牵拉、伸展动作，其对应的肌肉有明显的拉伸感。其中有的动作是两腿夹紧、合掌上举，然后侧倒，以及两手分掌上举，上身后仰。这两部分的动作让我感受到我腰上的肌肉在牵拉着，那阵子我有感觉我腰上赘肉有消下去的迹象，这让我很开心。于是后面暑假期间，我就自己训练这方面的动作。还有一次偶然的发现，让我十分惊喜，当时我处于月经期，因为痛经，小腹感觉稍胀并且隐隐作痛。刚好那天要上健美操课，而且一开始便是龙游功的重复训练，随着音乐训练两遍之后，我感觉痛经是有明显缓解的。特别是龙游功里有一个类似于下伏的动作，然后交替着抬后脚，在我把脚打开，尽力向后伸直的时候，我感觉到我的小腹似乎是被抚平的，而且也不是那么难受了。我感觉这个真的特别神奇，对于我来说，是很有用处的，所以，在后面期末来临并且痛经的时候，我会选择做龙游功来缓解，而且很方便。

学员6

龙游功的动作总的基调比较柔和，音乐也比较和缓，整体来说是一个柔美的体操。龙游功对于形体的塑造，以及筋骨的通络是有较大作用的。龙游功不但融入了瑜伽的元素，还融入了中医的整体思想，每一个动作并非单独存在，而是同其他动作有着或明或暗的联系。只有将其他动作、表情共同做到位了，龙游功的动作才算得上标准。另外，龙游功对于身体的一些疾病有缓解的作用。现代学生由于课业、课外活动的原因，大部分没有一个集中的时间锻炼身体，使身体渐渐出现一些疾病。龙游功占用课余时间较少，难度不大，若要做得标准有效，也需要耗费一定的体力，也能起到一定的锻炼效果。就我本身来说，龙游功的拉伸动作对于缓解由于平常过多使用电子产品产生的肩背酸痛有较明显的效果。平时空余的时间练习龙游功，次数多了，肩背酸痛出现的频率降低了不少。

学员7

我之前身体会动不动就头痛、浑身乏力，一年里也会有几次小感冒，这主要的原因都是因为我本身的性格——懒，不去运动，整天就是教室、宿舍两点一线。但是，我发现，练习龙游功每次都会出一身汗，而且练习的那一段时间，我的头痛几乎都没有发生过，浑身乏力的现象也没有出现过，练习的那一天都会精神饱满。在我的记忆中，小感冒没有了，龙游功弥补了我运动的不足，增强了我的免疫力。

学员8

我们的表演是把东方的柔美和西方的活泼相结合的一个表演。我们身穿红色紧身的衣裤，在柔美的音乐曲调中，随着音乐的节奏扭动我们美丽少女的身姿。放眼望去，竟似一片蛟龙在嬉戏翻腾，优美动人，这正是我们表演的龙游功。在练习龙游功的时候，我们为了更好地展现出女子的婀娜多姿，每个动作都尽可能地做到完美极致，我们努力地扭动腰肢，努力地向上拉……看起来这是一个表演，殊不知这也是一个神奇的锻炼身体、调理身体的好方法。在长期的坚持练习中，我们渐渐地发现，我们原本的不良反应得到了改善甚至是消失。就如我自身来说，我原本晚上不易入睡，自从坚持练习龙游功后，每天到了一定的时间就会感觉到困意，从此自己睡觉的时间提前了，也易睡着了。不仅如此，睡眠好了，白天我们也更有精神，可以更好地学习。说到学习，自己原先在上课的时候会走神，无法集中注意力去认真上课，然而这些在练习龙游功后却发现它惊奇地消失了。我们在练习龙游功的时候，首先我们必须集中精力去认真听音乐的节奏以及认真做好自己的每一个动作。长此以往，我们就养成了集中精力做一件事情的习惯，故而上课也就不走神，认真听讲了。

学员9

龙游功，是老师在气功的基础上进行改编的。这个功法是我在这次表演中收获最大的东西。龙游功也是中国古代导引之术的升级版，和导引一样，让我们的身体、呼吸、心理都得到了锻炼，达到了疏通经络、活动筋骨的效果。初次学习龙游功最大体会是美，动作柔和轻盈，很好地将女性优美的身段展现出来。经过长期练习之后，我发现自己身体的柔韧性比以前改善了很多，站立的时候比以前更加挺拔，机体的抵抗力也大大增强。

学员10

在这么多次学习和练习龙游功的过程中，我能逐渐地感受到龙游功对身体的好处。比如说每次练习完整套龙游功之后，我能感觉到全身的筋骨都被拉伸开了，随之而来的是一股由内而外的轻松感。而且，我觉得练习龙游功对塑造女孩子身体的曲线起到一定作用。所以，我觉得龙游功是非常值得推广到群众中去的，不仅是为了它的功效，也是为了推广和发扬中华传统文化，让国人知道，除了印度的瑜伽，还有我们自己的养生功法龙游功。

学员11

在刚开始练习龙游功时自己是有点担心的。因为有些动作对于自己来说，难度系数有点大，但是每个技能只有不断地练习才会熟练。在一次次的健美操课和空闲时间的练习中，慢慢的每个动作也就掌握了，虽然无法像老师做得那么到位，但是也是尽我所能完成每个动作。后来在校运会开幕式表演上展示了自己，也是非常开心的。

第一次练习龙游功结束后，第二天起床后只觉得身上酸痛，明明只是些缓慢的动作，身体却好像做了剧烈运动后那样疼痛。但是，慢慢地动作做多了、做久了，也就没有什么酸痛的感觉了。当然也发现了自己身上的改变，其中有一个最为明显了，那就是月经的问题。因为压力的原因，在高考期间以及高考结束后的时间里，我每个月经期都很乱。也看过中医用中药调理过，在假期服药期间，经期还算正常，但一到学校，经期又开始变得紊乱了。有时来了很少或是干脆就不来，要么就是来就很久量很多，因为这个有时弄得自己心情也烦躁，而且还有痛经的毛病。在练功开始时，并没有觉得有什么不一样，但是慢慢地，自己就发觉首先每次经期的量开始变得正常，变得和高考前一样了。再后来，来的时间变的固定有规律了，现在每次都很准时，而且痛经的症状明显好多了，有时甚至没有什么太大的影响。这个是我练习龙游功最大的收获了，还有些其他的功效我想在接下来的时间继续坚持练习应该就可以慢慢地感受到了。

其实还有一些比较小的改变，龙游功还有调节情绪压力的功效，当我每次做龙游功时，都可以明显地感受到心情会变得平静。有时坐久也不会感受到肩膀酸痛，做一做龙游功身体会舒松很多。

其实，一些传统的东西都值得去学习。就像龙游功，只需要一个小小的地方就可以练习，当一套做下来就可以流出很多的汗，也不会像跑步那么累，对身体的改善效果也很明显，有适合青少年的套路，也有适合中老年的，可谓是老少皆宜。

学员12

除了心理上有所改变，我认为通过这次表演，身体上也有了改善，表演中的龙游功就对人们的身体有非常大的好处。通过这几个月的练习，我发现身体的免疫力有了明显的提高，以前一到冬天，总是免不了感冒，但是练习了龙游功之后，我发现御寒能力提高了，不容易感冒了。总之，龙游功对提高人们的身心健康是有极大益处的。

学员13

第一次见易老师表演龙游功时，就为易老师柔软的身段而惊讶，但因为从未接触过这样的表演形式，我仍不太接受。可在后来，在一次次地跟易老师学习后，在一次次地寻找音乐节点后，我明显感受到自己内心似乎平静多了。每次练习完龙游功，心情也会变好。

学员14

上一学期开始，我们学了龙游功这套功法。我对于龙游功的了解是甚少的，可以说是基本不知道的。但是，我经过了接近两学期的学习和锻炼，可以说是有了进一步的了解和体会。虽说没有深刻的感悟，却也有小小的收获。

在学习这套龙游功的时候，老师最先教的是双手撑着整个躯干做起伏的动作，刚刚开始的时候并不知道这是龙游功中的一个动作。前几节课，每当练习这个动作后，整个人会处于“报废”状态，两边的肩膀酸痛无力，腰和大腿都有一种酸麻的感觉，这种状态会持续接近一周左右。 可是随着时间的推移和每周的固定练习，做这个动作之后，就不会再有之前的酸痛、无力感。即使之后放假了两个月，回来的时候再做起这个动作也是游刃有余，不会再有无力感。

教完第一个动作之后，老师就陆陆续续教了剩下的动作。刚刚开始学习的时候，会有一种害羞的感觉，同时也觉得自己做不出来，因为老师做的动作很是妖娆、好看，而自己很是僵硬，所以做起动作来总是有些犹豫和僵硬。但是在这段学习和练习中，我逐步投入到龙游功里面，动作慢慢地变熟练，虽然没有达到很好看的地步，但也是完整的一套龙游功。

在这期间，我从整个脑子里一直在想下一个动作是什么到可以自然地切入下一个动作。就是在这样慢慢地练习中，我会整个人沉浸在音乐和动作里面，随着音乐的节奏，做出相应的动作。我不会再想到其他的东西，整个脑子好像是片空白似的，专心于整个龙游功之中。

同时，因为持续性地练习龙游功，所以在那段期间整个人的躯干是比较放松的，肌肉也是舒适的，除了刚开始的那几周。在练龙游功期间，整个人的精神面貌会比较好，不会有肌肉疲劳的感觉。

总而言之，练习龙游功期间，我可以说是有一点小收获。首先，我可以在练习龙游功的时候不去想那些乱七八糟的事情，内心会比较平静。然后，我感觉整个人的精神面貌会比较好，肌肉不会疲劳，心情也会处于一种较好的状态上。

学员15

早上早起练习龙游功的时候，我比别人先呼吸到更新鲜的空气，感受到更柔和的晨光。我在他们还在赖床的时候已经置身于大自然中舒展我的身体。傍晚训练时，天色难免会变黑，每次我们和学姐们互相观看对方的成果时，天都是黑的，但体育馆的灯光会远远地投射过来，我们仿佛是黑夜中绚丽的舞者，沉浸于自己的表演中。休息时我们在操场上席地而坐，吹着凉爽的晚风，有龙游功的伴奏禅音，还有学校广播里放的歌，偶尔抬头还可以看到星星，那是一种享受。

学员16

我朋友和我说，龙游功改善了她的便秘，我觉得很神奇。我的柔韧性非常差，练了龙游功感觉身体变得更加柔韧了。龙游功需要配合呼吸，这点我深有体会，其实我不太会逆腹式呼吸，而且我的呼吸很容易紊乱。我觉得练了龙游功，对我调整呼吸很有帮助，以前我跑步的时候不会调整呼吸，现在我觉得我好像会了。龙游功还帮助我调节心情，我可能因为经常熬夜，脾气变得有点暴躁，现在我觉得心情比较平静了。可能别人看我们在做这些会很不解，但是坚持自己认为正确的事情就已经足够，时间会证明我们所付出的努力不会白费。感恩一切相遇！

学员17

老师教给我们的龙游功法让我内心享受到平静，四肢得到舒展。琅琅的音乐传入耳朵，随着音乐起伏扭动腰肢，伸展双臂，用力地去活动身体，一整套龙游功做下来，整个身体都在微微发热，像有细小的水流流经每个地方，舒适安逸充满整个颅腔。晚上睡觉的时候更加香甜，一夜无梦，整个人达到最好的入睡状态。龙游功带给我的变化是让人惊讶的，因为坐姿的不正确，我的背一直处于一个僵硬酸痛的状态，但每次做完龙游功，背都得到了最大的舒展。因此，每次背酸痛的时候便开始做龙游功，现在背很少觉得酸痛僵硬，坐姿上有一定程度的改善。女生要美就要有好的仪态，我觉得龙游功能带给我这样的反馈。

学员18

在我学习并练习龙游功的这段时间，我感觉自己的身体好像越来越舒展柔软了，韧带也慢慢打开了。不仅如此，颈椎肩膀的酸疼也缓解了很多，且减缓肌肉与附着组织的退化和衰老过程，使身体动作机敏、灵活、富有朝气。这一个学期以来，平时不早起跑步的我也没有感冒过。随着时间的推移，龙游功跳的越来越熟练，音乐一响起，身体便不由自主地摆动起来。

学员19

大一下学期开始学习龙游功，先是动作，再到和音乐的配合，再到如今参加了龙游功提高班学着配合呼吸和思想调和。我愈加觉得身体和精神活动的协调统一，在每一呼每一吸中，在每一举每一止里。通过龙游功的动作学习，平常很多不正确的姿势所带来的身体上的酸累感都会得到放松，肢体僵硬的地方也会得到最大限度的伸展，整个人都变得更加有活力。

学员20

福建中医药大学17级同寝室四女生，三人有脱肛现象，经一学年龙游功练习，全部康复。

学员21

伴随清雅的禅音，心静神凝，手、腰、膝、臀随禅音而韵律百生。渐入佳境时，心底、身上一股涓涓热流，随之涌出，全身细胞也情不自禁地活跃起来！

看似和缓，实则“激流暗涌”、汗如雨下。收势时，深深吐一口气，顿觉身体每一个细胞都轻松畅意！

久练龙游功，可预防脊柱“骨刺”，身形如细柳，通经活络，缓解肩颈疼痛，强肾固腰，预防痔疮、便秘，久而增强体质，不易染病。这是我个人练了这么久龙游功的心得体会！

后 记

道家龙游功是福建中医药大学中医养生学科重点研究的项目。在研究道家龙游功理论与功法的过程中，得到许多医学专家、同仁学者如王大仁教授等的赐教和帮助，在运作和习练过程中，亦得到本项目中医养生学科负责人邓月娥教授、陈玉鹏副教授，以及学生陈敏、柯雅莉等的大力支持。服装与形象设计得到华南女子学院易豪清老师的鼎力帮助，还有协助制作教学视频的同学：张冰妍、林佳颖、卓泊锡、陈琴等。

在此书问世之际，聊表谢意。